外国人がムッとするヤバイしぐさ

ジャニカ・サウスウィック
晴山陽一

青春新書
PLAYBOOKS

はじめに

こんにちは、ジャニカです。

私は人生の半分をアメリカで、半分を日本で過ごしてきました。今は、オーストラリア人の夫と3人の子どもたちと一緒に、東京の都心に住んでいます。

私は、11歳のときに、はじめて日本にやってきました。最初は日本人の考え方やしきたりがまったくわからず、いじめにもあいました。

まず、日本人が無表情なのに、とまどいました。道を歩いていて、知らない人に対して、アメリカでやるように気軽に「こんにちは」と話しかけても、怪訝《けげん》な顔で、目を合わせずに通り過ぎてしまいます。

日本のしきたりを理解するまでは、なぜ自分が日本の人々に受け入れてもらえないのか、わかりませんでした。財布を持たず、ポケットから小銭を出すのはおかしいのだろうか。自分の化粧は濃すぎて、浮いているのだろうか。話すときに目を合わせてくれないのは、私を怖がっているからなのかしら、とか。

でも、上智大学で学び、日本で仕事するようになり、日本で子育てするうちに、私は日本のよさを理解できるようになり、すっかり日本が好きになりました。

この本は、外国人に理解してもらうのが難しい日本人のマナーについて書いたものですが、アメリカ人の目線で、「ここを直して！」と声を荒げるような本にはしたくなかったのです。むしろ、日本のよさを知らない外国人たちから、いわれのない誤解を受けないための「必要最小限のアドバイス」をしたいと思い、この本を書きました。

日本に来る外国人は、日本人は家の中では靴をぬぐとか、食べる前に「いただきます」と言うとか、夏祭りに浴衣を着るなどという、断片的な情報は持っています。しかし、日本人の謙遜の精神、遠慮がちな態度、お酒や食事の細やかな作法、席順にこだわるなどの社会通念までは知る由もなく、ことに触れて疑問やフラストレーションを感じてしまいます。

私は、日本人にはまったく悪気はなくても、外国人たちが「自分は嫌われてるのではないか?」と思ってしまうことが、残念でなりません。

この本で、最も危険度が高いレベルの中に入れた、中指を使うこと、子どもの頭をなでることも、単に国民性の違いであることを、今の私は理解しています。たとえば、中指はいちばん長い指なので使うのだし、子どもの頭をなでるのは可愛いからに決まっています。でも、何気なくしているからこそ、私は注意を促したかったのです。

私は将来、この本の逆バージョンを英語で書きたいと思っています。すなわち、外国人向けに、日本の風習やしきたりへの理解を促す本です。日本人から外国人を見た場合、外国人の態度や考え方は、「攻撃的すぎる、自慢しすぎ、スキンコンタクトが過剰、ビジネスの場で先を急ぎすぎる」などが考えられると思います。まだまだあるかな。

外国人の誤解の多くは、日本や日本人に対する勉強不足からきていると思います。これほど文化の質が違うので、日本の優れたところ、奥深い良さを知らないままに、外国人が不満を持つのが、私は残念でなりません。

これから2020年のオリンピックに向けて、もっと多くの外国人が日本を訪れると思います。この本を、うわべだけの接待ではなく、「心からのおもてなし」のために役立てていただければ、とても幸せです。

こんにちは、共著者の晴山陽一です。

本書は、親友のジャニカが（日本語まじりの）英語で書き起こした、日本人への親身のアドバイスを、私なりに編集した本です。

日本をよく知らない外国人から誤解を招きやすい行動パターンを、危険度別に5つのレベルに分けて編集しました。こんな具合です。

「絶対ダメ！」レベル

中指を使わないで／人前で鼻をすすらないで／ゲップはオナラより悪い／OKサインには注意して／子どもの頭をなでないで、など

「やめてください！」レベル

汗まみれの手で握手しないで／口をふさぎながら話さないで／ピースサインはほどほどにして／外国人に「顔が小さい」と言わないで、など

「意外かもしれないけれど！」レベル

首をかしげないで／プレゼントはその場で開けて／パーティーには夫婦同伴で来て／目上の人が相手でも、ちゃんと目を見て話して、など

「気をつけて！」レベル

「つまらないものですが」と謙遜しないで／トイレを流すのは1回で／お店の人に横柄な態度をとらないで／混んだ電車でも触れたら謝って、など

「私なら許すけど！」レベル

無理やりお酌しないで／会席のとき座る位置にこだわらないで／もっと歯の手入れに熱心になって／自分の気持ちや状態を説明して、など

ジャニカは大の日本好き。なので、「外国人に日本を誤解してほしくない！」、また、「誤解されないためのヒントを日本人に伝えたい！」という一心でこの本の原稿を書いてくれました。日本のことも、外国のことも知り尽くしているジャニカだから書けた、稀有の書だと思います。ただし、異国の人のマナーは、個人によっても、どの国の人かによっても受け取り方はさまざまです。この本では、最低限の知識を、わかりやすく、イラストの助けも借りてお伝えすることを目標にしました。

日本国内で外国人と接するときだけでなく、海外旅行をするときのマナーを知る上でも、本書はおおいに役立つと思います。

外国人がムッとするヤバイしぐさ【もくじ】

ヤバイしぐさ レベル 5 絶対ダメ！

DANGER！

ヤバイしぐさ　レベル4　やめてください！

STOP！

ヤバイしぐさ　レベル 3
意外かもしれないけれど！

Watch out!

ヤバイしぐさ　レベル2　気をつけて！

Be careful!

ヤバイしぐさ レベル 1 私なら許すけど！

Attention please！

もうチョット言わせて

ヤバイしぐさ

レベル
1 2 3 4 **5**

絶対ダメ!

DANGER!

!!

「中指使い」は、見るのもイヤな危険なしぐさ

資料や価格を指し示すときなど、意外とやってますよ

外国人を相手に、中指を使って資料を指し示したり、中指で電卓を打つのは絶対にやめてください。とても危険です。なにしろ、「F・・・You」の意味になりますから。

欧米では、このジェスチャーは最も卑猥《ひわい》な意味を持ち、相手に対する軽蔑を表します。この行為がもとで、多くの喧嘩が起こります。

誰かが中指を立てたために、激昂した人が交通事故を起こしたり、発砲事件が起きることすらあります。

このような不測の事態を避けるために、資料を指さすときは人差し指を使うか、全部の指をそろえて出しましょう。ふだん日本で中指を使うクセのある人は、その習慣をやめたほうが安全です。なぜなら、そのクセが海外で無意識に出てしまう可能性が高いので。

もちろん、日本で外国人と接するときにも気をつけてくださいね。

今月の目標
クシャー

!! 鼻をすする日本人に、心の中で「オエ〜」

気持ち悪くて、いたたまれません

日本の方には意外でしょうが、人前で鼻をすするのは、オナラと同じくらい失礼な行為と取られます。

外国人にとっては、鼻をかむのも、鼻をすするのも、見ていてとても不快です。体内から何かが出てくるのを、人前では見せない、感じさせないという根強い習慣があります。ましてや、出てくる鼻汁を何度もすするのは最悪。気持ち悪くていたたまれない気持ちになります。

おそらく、外国人がハンカチで鼻をかむのを見たことがあるでしょう。日本人にとっては、こちらのほうが見苦しいし、ズボンが汚れてしまうと心配になるかもしれませんね。まさに習慣の違いです。

いずれにしても、外国人を不快な気持ちにさせたくない場合は、トイレに行って鼻をすするのがベストです。

ズ〜
ズ〜
オェ〜
ズ〜
ズ
ズ

!! 弱々しい握手は、印象最悪…ホントに気持ち悪いんです

西洋では「死んだ魚」と呼ばれるほど…

日本人と握手するとき、力のない、弱々しい握手をする人がいます。握手に慣れていないせいかもしれませんが、私たちには不自然に感じられます。おとなしい、シャイな感じがするだけでなく、自信がなく感じられたり、時には少し気持ち悪い印象を持ちます。

西洋では、弱々しい握手は「死んだ魚」(dead fish) と呼ばれたりします。ね、気持ち悪いでしょう?

私たちは、初対面で握手(ハグ、またはチークキス)をする習慣があります。これは、第一印象を大切にするからです。当然のことながら、第一印象は初対面のときしか与えられません。

特にアメリカ人は自信のある人を尊敬する傾向があるので、弱々しい握手は最悪なのです。これは、日本人がお辞儀するときに、気持ちがこもっていなかったり中途半端だと、よくない印象を与えるのと同じです。握手は元気にやりましょう。

ギョーーー

!! ゲップをするくらいなら、オナラのほうがまし！

西洋人にとっては、ゲップは無作法、オナラは仕方ない生理現象です

意外に聞こえるかもしれませんが、ゲップはとても嫌がられます。体内から出る音や物を嫌う習慣があるからです。日本では、ゲップは仕方ないこと、オナラは不謹慎と取られがちですが、アメリカでは逆。ゲップは非常に無作法であり、オナラはある程度仕方ない生理現象と受け止められます。

オナラが出るのは恥ずかしいけれど、出てしまったものは仕方ない。本来なら、部屋から出てするのが礼儀だけれども、突発的に出るのは仕方ないと大目に見られます。

しかし、ゲップは我慢しようと思えば我慢できるので、近くにいる人に失礼な行為と取られるてしまうのです。

対策としては、ゲップは出さないように極力気をつける。万一出てしまったら、Excuse me. と言って謝るしかありません。謝ることによって、ゲップは無作法という共通認識を確認できるからです。

ゲップ
えっ?
プ

!!

日本人の「ＯＫサイン」にドキッ！

国によっては非常に不愉快なジェスチャーなので要注意

親指と人差し指で丸をつくるＯＫサイン。日本人はよくやりますが、国によっては不快な意味を表すときもあるので、注意が必要です。

アメリカでは、一応「ＯＫのサイン」と見られますが、「子どもっぽい」「時代遅れ」と受け取られます。昔はやる人がいたのですが、今はあまりしません。

オーストラリア、イギリス、南アフリカで、丸の部分を前に突き出すと、とんでもない意味（Ｆ・・・Ｙｏｕ）になるので、やらないほうが安全です。フランスでは「ゼロ」を意味し、ドイツ、ブラジル、ロシアでは非常に不愉快なジェスチャーと思われます。

アメリカには移民が多く、それぞれの文化的なバックグラウンドが違います。ですので、アメリカでは安全ということはないのです。

ＯＫの意味は、握手、アイコンタクト、笑顔で表してください。よほどうれしければ、力の入ったハイタッチで喜びを分かち合いましょう。

NO!!!

!!

自分のことを示すのに、鼻を指す

「鼻くそがついている?」「ウソをついている?」など、さんざんな印象です

日本人は自分のことを指すのに、指を鼻に向けますね。これは外国人には意味不明。「鼻に何かついている」「鼻くそがついていることを相手に知らせている」「ウソをついている」「話題を変えたいと思っている」など、さんざんな印象です。

私たちは、自分のことを表すときは、胸を指すのがふつうで、絶対に鼻を指しません。鼻に触るときは、鼻をほじるときか、相手の鼻に何かついているのを知らせるときくらいです。まして、相手の鼻を指したりしてはいけません。

また、ウソをついているときに人は無意識に鼻を触ることがあるので、鋭い人はそう勘ぐってしまうかもしれません。さらに、話題を変えたいときや、誰かの噂話をしたいときにも、軽く鼻を触りながら頭を振ったりします。

ですので、自分のことを指すときは、胸を指しましょう。鼻を指して、相手が怪訝《けげん》な表情をしたら、日本では自分のことを表すときに鼻を指すことを説明してあげてください。

!! 外国人に「色が白い」は、ほめ言葉にあらず！

「顔色が悪い」「お化けみたい」と聞こえてます

日本人から見て、欧米人の肌が白く見えるのは仕方ありません。しかし、それは決してほめ言葉にならないことを知ってください。

私たちが「肌が白い」と言われると、「不健康」とか「お化けみたい」と聞こえるのです。いくらほめ言葉と思っても、マイナスの効果しかないのです。

外国人の中には、肌が白すぎてコンプレックスを持っている人もいます。そういう人には、マイナスどころか痛手になりかねません。また、調子が悪いときに、「顔が白い」と言われると、顔色が悪いと取られてしまいます。

アメリカでは、肌の色で人をほめるのはタブーになっています。人種差別と勘違いされたりします。

お勧めなのは、「肌の色」をほめるのではなく、「肌」そのものをほめることです。たとえば、You have beautiful skin.（肌がきれいですね）のように。

ズンズン

!!

「鼻が高い」は、「鼻がでかい」と受け止めます

鼻の高さよりも、頬骨の高さをほめましょう

日本人にとって鼻が高いのは憧れかもしれません。しかし、欧米人にとっては当たり前のことであり、ことさら言われると「鼻がでかい!」「顔が不格好!」と言われたように感じます。

意外に思われるかもしれませんが、われわれから見ると、日本人の可愛らしいフラットな鼻は、とても素敵です。

国によっては「鼻がでかい!」は人種差別の意味を持つ場合もあるので、よりいっそう注意を要します。なので、鼻の高さについては、あえて触れないほうが無難です。

また、われわれは、鼻の高さよりも頬骨の高さを美しさのシンボルと見る習慣があります。ですので、「骨格が美しいですね!」(You have a beautiful bone structure.)とか、「あなたの頬骨は素晴らしい!」(You have amazing cheek bones.)はほめ言葉になります。

!! 女性より先に、エレベーターに乗り込む日本男児に大ショック！

女性を大事にしない人、周囲の状況に無関心な人という印象を与えます

私が日本に来て大きなショックを受けたのが、このエレベーターでのマナーです。

女性がいるのに自分が先に乗り、女性に一顧だにしない態度は、女性を大事にしない人、周囲の状況に無関心な人という印象を与えます。ですので、外国人の女性がいるときは、特に注意してください。

最近は西洋社会でもレディーファーストの習慣は薄れつつあると言われています。しかし、女性のためにドアを開ける、女性から先にドアから出るように誘導するなどのマナーは根強く残っています。

たまに男女平等の思想を持ち、レディーファーストを嫌う女性がいるという話もありますが、私はそんな人に会ったことはありません。

エレベーターに先に乗ってもらう、女性のためにドアを開ける、席に誘導したり、女性の前を歩かないなどは、ジェントルマンの身だしなみと考えてくださるとうれしいです。

サササ
ササ
△1▽

!! 日本人の「トン、トン」ノックは薄気味悪い！

「トントントンッ」と素早くやるのが、外国人の常識です

アメリカ人のノックは、通常3回の「トントントン」。これに比べ、日本人のノックは2回だけで、それもゆっくりこわごわ「トン……トン」という感じです。これが、私たちには「気持ち悪い」「弱々しい」、もっと言ってしまうと「お化けのノック」に聞こえるんです。

ですので、たとえ社長さん相手でも、元気よく「トントントンッ」とやってかまいません。決して失礼にはなりません。

ノックをするとき、招き猫のグーで「トントントン」としっかりやってください。音が変わります。ノックと同時に、Mr. Roberts? と声をかけるときもよくあります。そうすれば、誰がノックしているのかわかりますよね。

カジュアルな場合は、ノックの代わりに、「ノックノック」と声で言ったりもします。ちょっとユーモラスですよね。

…トン
…トン
ガクガク

!!

考え事をするとき、頬を膨らますクセがある人は要注意

「この人、吐く！」と思われてます

私の印象では、日本の偉い人（たとえば社長さん）が、このポーズをすることがあります。「う――ん、ちょっと考えさせてくれたまえ！」みたいな感じで頬を膨らますのです。でも、私たちにはまったくこのようなジェスチャーはありませんので、吐く前の表情にしか見えないのです。「何、その表情？　まさかここで吐く気？」って感じです。あるいは、「子どもっぽい」「ピエロみたい」と思ってしまいます。いずれにしても、社長さんらしからぬしぐさです。

ですので、会議などで「少し考えさせてほしい」というときは、あごを触るか、わざとアイコンタクトをはずすかしてください。あるいは、率直に「少し考えさせてくれ」（I need to give this some thought.）と口で言うのもいいですね。

偉い人以外でこの表情を見たことはないので、もしかしたら偉い人にだけ許されたお茶目な表情なのかしら。

!!
外国人の子どもの頭は、なでてはいけません！

「ペット扱いしないで！」と憤慨されます

これ、やめてほしいんです。外国人の子どもがかわいく見え、思わず頭をなでたくなる気持ちはわかります。でも、私たちからすると、「ペットじゃないのよ！」「どうして勝手に頭をなでるの！」と思ってしまうのです。

実際、西洋人には他人の頭を触る習慣はありません。子どもが相手でも同様です。親しみを表す動作としては、手の平で肩を軽くたたくとか、ハイタッチするなどが考えられます。

ちなみに、ハイタッチは和製英語。私たちは「ハイファイブ」といいます。Give me five. と呼びかけます。これは、「5ドルちょうだい！」ではなく、「ハイファイブをしようよ！」というサインなのです。

いずれにしても、外国人の子どもがいくら可愛くても、ペット扱いしては逆効果。ハイファイブするか、肩をなでるかしてください。

‼

約束の時間より前にやってくるのは、迷惑です！

本当に困る行為…最悪の場合、パーティーが台無しになることも

日本人の勤勉さが、裏目に出る場合があります。たとえば、パーティーなどに、予定時間より早く現れて、「何か手伝いましょう」と申し出る行為。これ、本当に困るの。ホストは、パーティー開始前の時間は、いちばん忙しいとき。そんなときにゲストが来てしまうと、その応対に追われて本来予定していたことができなくなり、最悪の場合はパーティーが台無しになってしまいます。

ですので、パーティーは時間通りか、何分か遅く行くのがベストなんです。もしも、あなたがホストの親戚か、大親友か、あらかじめ予告していない限りは。

ところで、そのパーティーのゲストに知り合いが1人もいない場合は、きっかり時間通りに行って、1番になることには意味があります。そうすれば、来る人に1人ひとり挨拶し、自己紹介することができますから。スマイルと共に自己紹介してください。友達をつくる最上の方法は、フレンドリーにふるまうことです。

「これが欲しいでしょ？」と先回り

外国人に「よかれと思って…」は通じません

たとえば、暑いからといって、勝手にアイスコーヒーを出す、寒いからといって、相手の要望も聞かずにホットココアを出す。こういうことは避けたほうがいいと思います。

外国人からすると、「相手の意見を尊重していない」「相手の人格を無視している」と思われてしまいます。たとえ、よかれと思ってやった場合もです。

相手に何か提供するときは、何が好きか尋ねるのが礼儀です。こちらの勝手な憶測で、これが好きだろうとか、これを所望するだろうなどと勘ぐるのはやめてくださいね。

私たちには、あまり遠慮という習慣がありません。ですので、意見を求められたら、率直に答えます。

ただし、聞き方をちょっとだけ工夫すると、印象はまったく変わります。たとえば、「暑いから水を出すね！」ではなく、「暑いから、冷たいお水はいかが？」と聞くのです。

英語では、こんな感じです。It's hot outside. How about some cold water?

!!

男同士で、浮気や愛人のことを自慢気に話す

西洋では浮気は、見て見ぬふりはいたしません！

これは、私たち外国人からすると、絶対にダメ！

たとえ愛人ができたとしても、誰にも言わず、秘密にします。よく小指を立てて「愛人」の意味を表す日本人がいますが、これも外国人には伝わりません。

多くの英語圏の国で、浮気は罪であると考えられています。もちろん（かつてのアメリカのC大統領も含め）愛人のいる人は珍しくありません。しかし、公の場では不祥事と取られます。日本のように、見て見ぬふりをするということはありません。

浮気をしていることがばれると、ビジネス上の信頼感もダウンします。家族を裏切る人間は、会社を裏切る可能性があると思われてしまうのです。

ですので、こういうことを外国人の前で決して自慢しないでください。西洋社会では、奥様にバレると、離婚の原因になる可能性が非常に高い案件です。

オクサンニ
イッチャオ！
メールっと

もうチョット言わせて

たかが握手、されど握手なんです

握手なんて簡単と思っていませんか。手を出されたら、握り返せばいいんだ、くらいに思っていないでしょうか？

でも、握手は意外と深いんです。しかも、われわれアメリカ人は、握手（の仕方）を非常に重視します。

本文でも触れますが、弱すぎる握手はダメだし、力みすぎてもダメ。汗まみれの握手は最低ですし、熱心に振りすぎるのもオーバーな感じです。

ここでは、握手の「5つのコツ」をお伝えしましょう。

1 力強くしっかりと

2 相手の力の入れ方に合わせて
3 アイコンタクトやスマイルと共に
4 体の姿勢をぴしっと決めて
5 できれば自分から手を出しましょう

ね、けっこう注意点があるでしょう？　5つも覚えるのが大変という人は、弱々しい握手でない限り、多少力が弱くても、アイコンタクトとスマイルがあれば大丈夫と覚えておいてください。

握手は、その人の第一印象を決めてしまいます。丁寧な人か、乱雑な人か。相手のことを思いやることができる人か、自分勝手な人か。あわて者か、落ち着いた人か。

ある大企業の社長さんから、こんな話を聞いたことがあります。

あるとき、新入社員の採用で、評価がまったく互角の2人が残ってしまいました。自尊心、やる気、創造性、人当たりと、あらゆる面で、優劣がつけがたい2人だったそうです。

どちらを採用するか決めかねるうちに、面接の時間が終わり、最後に2人と握手したとき、彼の気持ちが決まったそうです。自信に満ち、しっかりと社長の手を握りしめた候補者が勝者になったのです。

私自身のエピソードもお話ししましょう。ほかでもない、今の夫と巡り合ったときの話です。

私が若いころ、握手のうまい友人が何人もいました。私の夫もその1人でした。彼は派手な性格ではありませんでしたが、初対面のとき、力強く手を差し伸べてきました。強すぎない力で握手をし、手の握り方は丁寧で、アイコンタクトとスマイルも忘れていませんでした。

この一瞬で、私は彼が自尊心があり、信用のできる人物であることを感じ取りました。彼の存在感、オーラを感じたのです。その日、私は彼からのデートの申し込みを受け入れ、今では3人の子どもを授かった、というわけです。

ヤバイしぐさ

レベル

1 2 3 **4** 5

やめてください！

STOP！

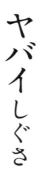

!!

握手のときに、手が汗まみれなんて、アリエナイ！

「私を嫌ってください！」と言っているようなものです

これは生理的に嫌がられます。汗まみれの握手の印象をざっと挙げてみますと、気持ち悪い、嫌な感じ、不潔、相手の緊張感やストレスをじかに感じて不気味、という具合。女性から見れば、この人とは付き合いたくない、彼氏にしたくない、と思ってしまうのです。

手と手をつなぐのは、一種のスキンシップです。ですので、汗まみれの握手は、アメリカ人にとってはいちばん嫌な行動のトップのほうに入ります。

対応策としては、常にハンカチを用意し、握手の前によく汗を拭きとることです。特に汗っかきの方は気をつけてくださいね。

面接のようにオフィシャルな場では、特に注意が必要です。汗まみれの握手は、「私を嫌ってください！」と言っているようなものなのです。

!! なぜ、口を手でふさぎながら話すの？

息が臭いの？ 歯が汚れているの？

日本人、特に女性には、口をふさぎながら話す人がいます。外国にこのような習慣はまったくないので、「息が臭い」「歯が汚れている」というように受け取られてしまいます。実際、私たちは、話すときに口をふさぐ習慣はありません。むしろ口を開けて笑ったり、口の表情で意思疎通をはかったりもするのです。

口をふさぎながら話すと、風邪でもひいていて、ばい菌をうつすといけないと思ってそうするのだと想像したりしてしまいます。

ですので、口をふさぐクセは、なるべく出さないでください。どうしてもそのクセをやめられない場合は、「日本では、女性は相手と接近したときに、口をふさいだり、歯を隠しながら話す習慣がある」ということを説明してあげてください。納得してもらえると思います。

文化や風習の違いであるとわかれば、相手も気にせずに会話を続けてくれるでしょう。

!!

なぜ、笑うとき口を手でふさぐの?

息が臭いの? 歯が汚れているの? あくびをしたいの?

日本の女性で、笑うときに口をふさぐ人がいます。これは、前項と同じく、外国人には「口が臭い」「歯が汚れている」、あるいは「あくびをしたい」というように受け取れます。

私たちは、笑うときに口を隠す習慣はまったくありません。実のところ、私たちは笑うことを好み、笑うときに相手に歯を見せて、自分がハッピーであることを示します。ですので、日本の女性がなぜ魅力的なスマイルをわざわざ隠そうとするのか、理解できないのです。

笑うときは、口を見せることをいとわず、快活に笑いましょう。そのとき、歯を見せることも、ためらわないでください。

もしも歯が汚れていたり、あまりに見苦しい場合は、歯の管理もすることをお勧めします。これについては、170ページを参考にしてください。

オハグロ…
ホー
オホホホ…

!! 仕事仲間からの〝飲み〟の誘い…まったく理解できません！

私たちは、心の底から、家族と食事をしたいのです

毎日のように仕事のあとに同僚と飲み歩く日本人がいますが、これが外国人の私たちには理解できません。外で飲むということは、家族と食事をしないということですよね。このような人物を、われわれは信頼できない人、あるいは、家庭を顧みない遊び人と受け取ります。

アメリカでは、何があっても家族第一です。仕事のあとまで同僚と付き合う習慣はありませんし、仕事とプライベートの線引きは明確です。仕事が終わったら一目散に家庭に帰ります。平日の夜に同僚と付き合うことは非常にまれです。

日本では、仕事と同僚との付き合いの線引きがきわめて不明確です。この点が、西洋人にはまったく理解できないのです。

たとえ日本の会社であっても、外国人を無理に夜の付き合いに誘わないでください。大きなストレスやトラブルのもとになります。

!! 「ちょっとひと口食べさせて」はNGです

外国人相手に、親しき中にもシェアはなし！

日本の方（特に女性）が、レストランでお料理の「あげ合いっこ」をしているのをときどき見かけます。あるいは、恋人同士で「あーんして」なんて情景も見かけることがあります。でも、これ外国人にはやらないでほしいんです。

私たちから見ると、なんか「清潔じゃない」「おかしい」って感じなのです。まあ、取り皿に入れるなどの気配りがあれば、許されると思うけれど。

こういう、内輪っぽい食事のスタイルは、西洋にはありません。まあ、恋人同士ならあるかもしれないけど。

ごくごく親しい間柄なら、「それひと口ちょうだい！」は許されるかもしれないけど、少なくとも仕事上のお付き合いでは絶対に避けてくださいね。

本当に親密な友人か家族以外では、誰かの食べているものを所望するのはやめましょう。

NOOO!!

!!

写真を撮るときに、ピースサインって…

子どもっぽく見え、一発であなたのイメージが下がります

これは、日本人特有のポーズで、私たち外国人にはそのような風習はありません。子どもっぽく見えます。

ピースサインは、1970年代には、アメリカでも一時流行ったことがありました。でも今となっては、アメリカ的ではない。アジアから来たツーリストのイメージ。または、最近の若者や大学生がやるので、幼いイメージがあります。

どんなに酔っぱらっても、ビジネスでは絶対にピースサインはしないでください。一発であなたのイメージが下がります。

では、ピースサインの代わりにどうすればいいかですが、ふつうに笑顔でいいのです。カメラに目線を合わせてニッコリすれば、それで十分です。仲良しなら、手を後ろに回して肩に当てるのも一般的です。写真に撮られるからといって、受け狙いでおどけてみせる必要はないのです。

ピース・・

声をかけずに、人の前をスッと横切る

意外かもしれませんが、外国人には、確実に怒りを買います

日本人は、たまたま人の前を通り過ぎるのだから、いちいち声をかけたり謝る必要はないと考えるようです。しかし、これを外国人に対してやると、確実に怒りを買います。少なくとも、とっても失礼な人と思われてしまいます。

西洋人は、お互いのパーソナル・スペースを尊重します。したがって、人の直前を横切るときは、相手の個人空間を何の前触れもなく侵犯することになるのです。そのため、怒りを買うのです。

ですので、あらかじめ Excuse me. と断るか、どんなに急いでいても、相手が通るまで待ちましょう。

混み合った場所でも、相手にぶつかったりしないように、細心の注意をしてください。相手がどんなにみすぼらしい風体をしていても、個人の尊厳を冒すことは重大なルール違反となります。

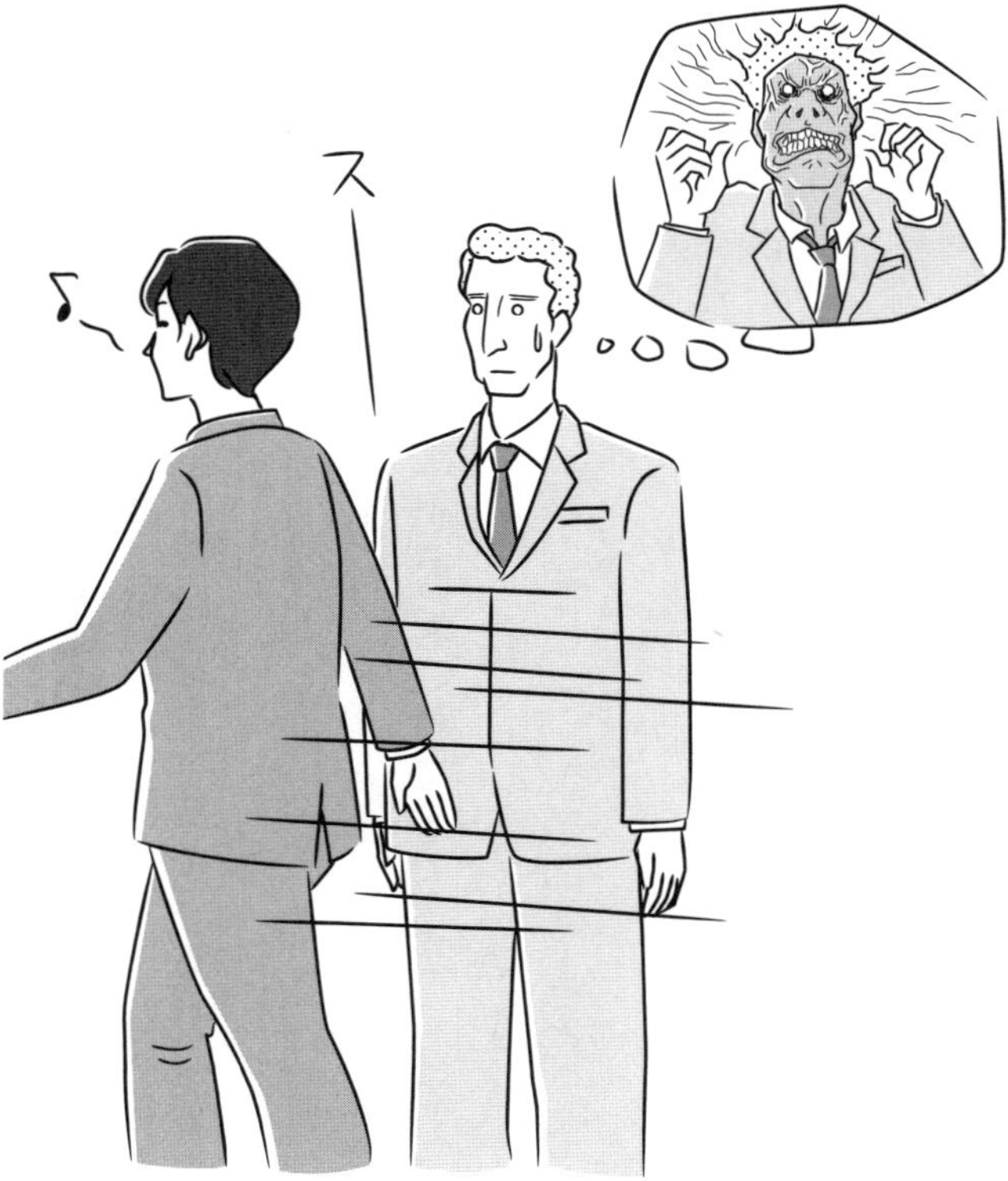
♪〜
ス一

!! アメリカ人に「トイレどこですか?」

「トイレ」は「便器」のこと。つまり、あなたの発言は…

日本では便所のことをトイレといいますね。でも、これ、アメリカ人には使わないでください。アメリカ英語でトイレ（toilet）は、実は「便器」のことなんです。

高級レストランでウェイターを手招きして、「便器どこですか?」はないですよね!

ただし、イギリスやオーストラリアなどの国では、トイレで通じます。アメリカ英語で便所はbathroomといいますが、逆にイギリスでbathroomは「お風呂」の意味になります。ややこしいですね。

どこの国でも、絶対安全な言い方をお教えしましょう。それは、レストルーム（restroom）。女性用トイレなら、レディーズルーム（Ladies room）がエレガントです。男性用なら、メンズルーム（Men's room）で完璧。

ちなみに、アメリカで生まれてイギリスで活躍した文芸評論家のT. S. Eliotが、こんな冗談を言っています。「僕の名前を綴り替えると、toiletsになるんだよ!」と。

「すみません」「すみません」と言いすぎ！

自分を卑下している卑屈な人と思われますよ

日本人の中には、必要以上に謝る人がいます。これは、日本人同士でもありますよね。会うなりいきなり「すみませーん」と謝る人。

でも、外国人相手にこれをやると、相手には何が何だかわかりません。「自分にも悪いとこがあるんじゃないか」などと、気をまわしてしまいます。あるいは、必要以上に謝る人を「弱々しい人」「自分に自信のない人」と見てしまいます。

何でも自分のせいにしてしまう人がいます。「ごめんね、もっと早く連絡すればよかったのに、私が悪かった！」みたいに。

こういうときは、もっとポジティブな言い方を心がけてください。「今度はもっと早く連絡するね！」のように。これなら聞いた人の気持ちも明るくなります。

謝りグセのある人は、謝るようなシチュエーションを作り続けているとも言えます。たいして理由もないのに謝る人を、私たちは「卑屈な人」と思ってしまうのです。

ソーリー
ソーリー
ソーリー
ソーリー

!! 外国人に「顔が小さいですね」は絶対やめて！

「〝脳〟が小さいですね」と言われている気がして、気分を害します

日本では「小顔」がもてはやされるようですね。

そこで、顔の小さい外国人を見かけると、羨望の思いをこめて、Your face is small.（顔が小さいですね）と言ってしまいがち。

でも、このほめ言葉、私たちには「脳が小さいね！」と聞こえてしまうのです。それで、「えー？　私はバカってこと？」と気分を害してしまいます。

ちなみに、日本の方は顔が大きいことを恥ずかしがりますが、私は少し顔が大きめの日本人を、とても素敵だと感じています。こういうの、ないものねだりというのかしら。

対応法としては、「顔が小さい」ではなく、「とても可愛い！」とか、「顔が美しいですね！」と言ってください。英語で言っても、You're so pretty./You have a beautiful face. ととても簡単です。

スモ～ル！

!!

「目の色が薄いですね」には、「はぁ？ だからナニ？」

日本人が「目の色が黒いですね」と言われているのと同じなんです

日本人の目は黒か茶色が多いですね。それに比べると西洋人の目は、ブルー、グレー、グリーン、ブラウンと千差万別です。うっとりと見入ってしまう気持ちはわかりますが、そういうとき、「目の色が薄いですね」とは言わないでください。日本の方が「目の色が黒いですね」と言われても、うれしいですか？

つまり、「目の色が薄い」はほめ言葉としてピンとこない。ほめられている感覚すらしないのです。

というわけで、西洋人の目の色をほめようと思ったら、「色の薄さ」ではなく、「ライトブルーの目がきれい！」とか「ダークブラウンの目が美しい！」と、あくまで色をほめてください。特に女性は「美しい目」と言われるのを喜びます。なので、最高のお手本は、こうです。You have beautiful light blue eyes. または You have beautiful brown eyes.

こう言われれば、女性は本当に喜びます。

目の色が
薄いですね！
アナタノメハ
クロイワ！
え？

ほめられたときの「謙遜」は逆効果です！

「せっかくほめたのに…」とイヤな気持ちに

日本人の謙遜が、逆効果になる典型例は、ほめたのに素直にサンキューと言ってもらえないとき。私たちは、「せっかくほめたのに同意してもらえない」とか、「自尊心が低い人」「弱々しい人」などの印象を持ってしまいます。

たとえば、「あなたの作ったカレー、おいしいね！」とほめても、「ええ？ 何の工夫もない、ただのカレーだよ！」などと返されると、ほめた側の尊厳を無視されたように感じてしまうのです。

たしかにアメリカにも素直にサンキューが言えない人もいます。特に女性に多いかな。でも、一般的にはほめられたら、そのまま素直に受け止めるのがよしとされます。

日本人の中には、ほめられてお礼を言うと、調子に乗っているとか、自信過剰に見えないかとか、気する方もいるようですが、心配ご無用。欧米では、ほめられたらサンキューを返すのが当たり前で、特にビジネスシーンでは必須の礼儀となります。

GOOD!
?

愚妻や愚息など、家族のことを悪く言う

「信頼できない人」というレッテルを貼られてしまいます

日本には「愚妻、愚息」などという言葉があり、人前では家族のことを貶《おとし》めて言う風習があります。しかし、これは、私たちから見ると、まさに最悪の行為なんです。「家族を大事にしていない冷たい人、プライドのない人、信頼できない人」というレッテルを貼られてしまいます。

世界中、家族を大事にしない国はないと思います。特にアメリカでは、原則として仕事よりも家族を優先します。家族自慢や、家族についてポジティブな話をするのが習慣になっています。それによって、家族を大事にしている愛情深い人間であることをアピールするのです。

ですので、自慢までしなくてもいいですが、決して人前で家族の悪口は言わないでください。でも、できたら「息子は野球の才能があるんです！」とか「妻の作る料理はおいしいですよ！」のように、さりげなく家族自慢をしてください。あなたの株が上がります。

アンター!!

!! やっぱり、日本人特有の「ニヤニヤ」はやめたほうが…

外国人は、スマイルを「100%理解している」サインと受け止めます

会話では、言葉よりも表情やしぐさのほうがはるかに多くの情報を相手に伝えると言われています。日本人特有のニヤニヤは、実はけっこうリスキーなのです。

私たちは、相手のスマイルは「100%理解しています」というサインとして受け止めます。ですので、ニヤニヤ聞いたあげくに、こちらが話し終わったタイミングで、「言ってることがよくわかりませんでした!」と言われると、狐につままれた気分になるんです。

わからないときは、「わかりません」(I don't understand.)とか、「話についていけていません」(I'm not following.)と申し出てください。わからないままに、相手にしゃべらせないのがエチケットです。

英語が得意でない場合は、あらかじめ正直にそう言いましょう。「いま英語を学習中で、あなたが言うことの50%しかわかりません!」などと。こうすれば、相手も丁寧に話してくれるでしょうし、質問もしやすくなります。

ニヤニヤ
ニヤニヤ
?

‼

「セクシーですね」は超危険！ 露骨な誘いと思われる

恋人や夫婦以外の異性には、絶対に言わないで！

言うまでもなく「セクシー」はセックスを連想させる言葉です。ですので、勘違いされる危険性も多く、注意が必要です。

ごく親しい友人の間で軽く言うなら、問題はありません。もちろん、彼氏、彼女、夫婦の間なら大丈夫です。しかし、見知らぬ相手に言うと、セックスをしたいという露骨な意味に取られる場合があるので、絶対に言わないでください。

もしも未成年に対してこの言葉を使うと、親から変態と思われても仕方ありません。

この言葉の代わりに、こんな言い方をしてください。You're super cute!（超可愛い！）。You're gorgeous!（ほんとにきれい！）。

ちなみに、ゴージャスは「とてもきれい」という意味です。日本のゴージャス（豪華）なファッションのような使い方は和製英語ですので、ご注意ください。

Sexy!

!! 下ネタ連発もNG！ まだまだ見かけるセクハラ行為

少しでも誤解を招くような言動は、取り返しのつかないことに

日本でも、だいぶセクハラに関する認識が高まってきましたが、軽いセクハラや、友人同士でのセクハラは、まだまだ続いています。

たとえば、肩に長く触れる、手をつなごうとする、「君はセクシーだね」と言う、下ネタを連発する、既婚者をデートに誘う、膝に触れる、酔っぱらってウェイトレスをナンパする、などなど。

アメリカでは、酔っているか否かは問題外。自分の言動には100％責任があると考えられます。

これに対するアドバイスは、もう単純です。場所が日本かアメリカかを問わず、少しでも誤解を招くような言動は控えてくださいね。どんなにささいなことでも、セクハラと取られたら、取り返しのつかないことになります。

日本のように、お酒のせいにすることは、絶対にできないんです。

シモネタ！
セクハラ！
シモネタ！
セクハラ！
シモネタ！

もうチョット言わせて

仕事のために、家族との時間を犠牲にしないで

家族への愛は、それこそインターナショナル。地球上、どこへ行っても、これほど大切にされるものはありません。

でも、その愛情の示し方となると、これはお国柄がもろに出るようです。ここ日本では、残念ながらとても控えめというか、奥ゆかしいというか、ほとんど誤解を招くレベルと言ってもいいのです。

仕事が終わっても家に帰らず、毎日のように同僚と飲み歩く人がいます。本文にも書きましたが、これには本当にビックリ。

外国でこのようなことをすると、「家族よりも仕事を重視している人」というレッテル

を貼られてしまいます。

私の友人の1人は銀行に勤めています。彼女が言うには、外国人の同僚は、日本人よりも先に仕事場をあとにし、特別な状況でない限り、同僚と飲むことはないそうです。しかし、彼らは仕事できちんと成果を上げ、概して日本人よりも給料がよく、評価も高いというのです。

仕事をするのは家族の幸せのため。ならば、仕事のために家族との時間を犠牲にするのは、大きな矛盾と私たちは感じてしまいます。

だらだら残っていつまでも仕事をするより、家庭に戻ってリラックスし、翌日をフレッシュな気持ちで迎えるのは、仕事で成果を上げるのに役立ち、常に家族との接点を持てるという点でも優れていると、私たちは考えます。

私たちは子どもとのコミュニケーションを重視します。これは、母親も父親も同じです。それと同時に、夫婦のコミュニケーションもおろそかにしません。週1回は、子どもをベビーシッターに預け、2人だけで外出し、お互いの存在を確かめ合うのです。

最後に、もう1つ付け加えたいことがあるんです。それは、単身赴任という制度。

アメリカでは聞いたことがありません。日本に来て私が驚いたことの1つなんです。父親の仕事場が変わったら、家族は必ず付いていきます。例外は、戦地での兵役くらいでしょう。

言い方を変えると、日本の単身赴任は、私たちには兵役のように重く、家族の存在を無視した非情な制度のように思えてしまいます。

単身赴任は短い期間であることが多く、子どもたちの教育を考慮すると、いちいち移住するのはデメリットもあるのでしょう。それでも、私たちは家族が一緒にいることを、とても重視します。

ヤバイしぐさ

レベル

1 2 **3** 4 5

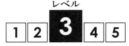

意外かもしれないけれど！

Watch out !

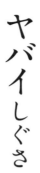

「わからない」と首をかしげても、外国人はわからない

「肩こりがひどいのね」と思われるだけです

いわゆる首をかしげるしぐさ。これは、残念ながらインターナショナルではありません。日本人が一生懸命首をかしげて見せると、それを見た外国人は「肩こりがひどいのね」と思ってしまうでしょう（笑）。

とにかくこれは、習慣の違いですから、気がついたらやめるしかありません。できれば、別のジェスチャーに切り替えてください。

たとえば、「よくわかりません」（I don't understand.）と言葉で表してもいいし、ジェスチャーで示す方法もあります。

私たちがよくやるのは、両手を上にあげるジェスチャー。あるいは、肩を上に持ち上げるポーズなどです。こういうジェスチャーに慣れていない日本人は、言葉で表すほうが早いかもしれませんね。

オツカレデスカ？
？

!!

日本人の無表情は、大きな誤解を招きます!

自分に好意を持っていない…外国人は、そう思ってますよ

概して日本の方は、外国人に比べて表情に乏しく、感情を表に出さない傾向があります。うまく英語がしゃべれない、外国人とのコミュニケーションに慣れていない、相手のジェスチャーや声に気押されて表情が固まってしまう、などの理由から「無表情」を続けると、どのように思われるでしょう。

「あなたが好きでない」「あなたと関わりたくない」という意思表示だと思われたり、何を言っても反応しない退屈な人間と思われたりしてしまいます。

多くの外国人が、日本の人は自分を好いてくれないと勘違いしています。

言葉が通じない分、相手は表情からあなたの気持ちを探ろうとします。ですので、仏頂面ではなく、できるだけスマイルを心がけてください。うれしいときには笑顔、悲しいときにはそれを表す表情でいいのです。表情を表に出さないと、冷たい人間と誤解されやすいので、注意してください。

OH NOU!?

!! プレゼントをもらっても、その場で開けないのはナゼ？

心をこめて選んだのに…私のプレゼントに興味がないの？

誰かにプレゼントをもらった場合、日本人の中には、その場で開けて中身を見るのははしたないと思うのか、包装を開けない人がいます。これは、外国人にとっては、とても残念なことなんです。「中に何が入っているか、興味がないの？」と思ってしまいます。

アメリカをはじめ、多くの国では、日本のように毎回会うたびにプレゼントをあげるような習慣がありません。ですので、あげるときは、習慣や義理からではなく、本当に心をこめて選んで渡すのです。中身を見ずに言う「ありがとう」は、儀礼的なものにすぎないと感じてしまいます。

というわけで、プレゼントをもらったら、その場で開けて、そのプレゼントをもらった感想を伝えてください。また、贈り物をもらったからと言って、義理を感じてお返しをする必要はありません。もちろん、お返ししてはいけないと言っているわけではありません。何事も心をこめて、行ってほしいのです。

ビョ〜ン
ハヤク…ハヤク…

!!

日本人が食べ物をすする音は、正直言うと居心地悪し…

下手をすると、「失礼だ」「気持ち悪い」と思われることも

西洋人は、ものを食べるときに、不要な音を出すことを好みません。したがって、日本人が食べ物をすすったり、かきこんだりすると、居心地が悪くなります。下手をすると、「失礼だ」「行儀が悪い」「不潔」「気持ち悪い」という印象を持ってしまうのです。私は、日本の方がおいしさのあまり、音を出してしまうこと、西洋人よりも熱さに強いことも理解しています。

ただし、単純に言って、食べ物を食べるときに音を出すのはマナー違反、という国が多いのです。ゲップもそうですが、口から出る音は、言葉と咳とクシャミ以外は、基本的に行儀悪いとみなされてしまいます。

ですので、熱すぎてすするしかない場合は、冷めるまで待ってくださるとうれしいです。ついでながら、私たちはお皿をテーブルから持ち上げて食べることをしません。なので、必然的にすすりにくくなるという事情もあります。

ズズズ
ズズズー
ズズズズズー
ズズー
ズズー

!! 日本人のハグはチグハグ。そんなに硬くならないで

軽く触れ合うくらいが、正しい力加減です

日本人にはハグの習慣がないので、適切なハグの仕方を知らないのは仕方ないと思います。基本的にハグは相手に軽く触れる程度がふつうです。あまりにぎゅっときついハグは、異様な印象を与えてしまいます。特に男女のハグでこれをやると、たいへん不自然です。

ハグはアメリカの文化の欠かせない要素です。ハグをするとき、人々はリラックスした状態になります。無理に力を入れたりしません。ハグにはいろいろな種類があります。友達同士のハグ、ロマンチックなハグ、男友達・女友達同士のハグなど。

軽く触れ合うことは、相手のことを思っているという意思表示になります。ところが、力の入ったハグや硬くてぎごちないハグは、相手を居心地悪くさせるのです。

リラックスし、相手がかけてきた力と同じ力でハグしてください。ハグをやめたくなったら、背中を軽く2回たたくようにします。どうしてもハグしたくない相手の場合は、先に握手してしまうのが効果的です。ハグできないように！

!! 外国人相手に「謙遜」すると損をします!

「謙遜の美徳」はまったく通じない。額面通りに受け取られます

外国人に「謙遜の美徳」はまったく通じないと思ってください。謙遜すると、その通りの人間だと思われてしまいます。

アメリカ人は、自分のことを現実以上に良く（大きく）見せようとする傾向があります。「アリガトウ」と「コンニチハ」しか言えなくても「日本語話せます!」と言ったり。

これは、日本の方にはやりすぎに見えるかもしれません。しかし、そういう文化に育っていますので、日本人が「できません」と言えば、額面通りに「できない」と受け取ってしまうのです。「できない」と言ったら「できる」はずはないのですから（笑）。

アメリカ人相手の場合、たとえばピアノができるなら、「4歳のときから弾いていました。ときどき演奏会もやります」と、ありのままに伝えてください。

もしも自分のことをひけらかすのが気が引ける場合は、「あなたはどんな楽器を弾けますか?」と相手に質問し返すのが、最もエレガントな対処法です。

たらーん！
I CAN!!!!
I can not...
謙遜
太郎

!!

なぜ日本人の握手は、何度も何度も振るのでしょう?

外国人から見ると「やりすぎ」「オーバー」で、ちょっと笑えます

日本人の中には、握手するときに、熱意をこめて何度も何度も振る人がいます。これは、外国人から見るとちょっと滑稽。「やりすぎ」「一生懸命すぎる」「オーバー」と見えてしまいます。まるで、卒業式か、スポーツで優勝したときみたい。ただの握手にはそぐわない動作なのです。

握手は、アメリカの文化の重要な要素です。どのような第一印象を相手に与えるかという点で、とっても大事。日本のお辞儀に似ています。いくら相手に感謝していても、何度もペコペコお辞儀したらおかしいですよね。わざとらしい。

握手は1、2回でOKです。相手の手の圧力に合わせて力を入れてください。ただし、特別な祝い事のときなどは、何度も振って、あなたの情熱を示してもかまいません。要するに、その場にふさわしい握手をしてください。「過ぎたるは及ばざるがごとし」って言いますよね。

!!

握手のとき、女王様気取りで上から手を出す

「自分のほうが身分が上だ」と、暗黙のうちに示すことに

まさかこんな握手の仕方をする人はいないだろうと思う読者も多いと思いますが、私は実際に何度か経験しています。本当にいるんです。びっくりしました。

もしかしたら、オードリー・ヘップバーンの映画の影響かもしれませんが、女王様気取りで、上から手を差し伸べる人がいたのです。これは、相手を見下した横柄な態度であり、西洋では本物の女王様でない限り考えられません。

手を上から出すのは、自分のほうが身分が上であることを暗黙のうちに示すことになります。ですので、男性の場合は絶対にやってはいけません。

握手をするときは、相手と同じ高さ、同じ角度で手を出してください。これが、「私たちは平等のお付き合いです！」という意思表示になります。

握手と同時に、スマイルと、自信ある表情もお忘れなく。

女王様…?

日本人は「キュート」って言いすぎです

使いすぎると、あなたの知性が疑われることに

日本人は相手が可愛いと思ったときに、「キュート」という言葉をよく使います。しかし、この言葉には言外に「子どもっぽい、語彙《ごい》が少なくて幼い、知的でない」というニュアンスが隠れています。ですので、知っている言葉だからといって、キュートを使いすぎると、逆にあなたの知性が疑われてしまいます。

アメリカの女性は、可愛さよりも美しさを求めます。相手が子どもならキュートもいいですが、大人には使わないでください。

仲良し同士ならキュートも使いますが、基本的には cute や pretty ではなく、beautiful, elegant, intelligent（知的）というほめ言葉を使ってください。

相手の性格をほめるのもお勧めです。その場合は、sweet, nice, friendly, cheerful などの言葉を忘れずに。ついでながら、具体的にほめるのもポイントです。たとえば、靴が素敵なら、Nice shoes. とほめてあげましょう。

キュートー！
キュートー！
キュートー！
キュートー！

表情が乏しく、一本調子でしゃべる

外国人には「情熱が足りない人」「つまらない人」と思われます

よく日本人の英語は機関銃のようだとか、一本調子で平板とか言われます。これは、日本語と英語の違いからくる現象なのですが、西洋人にはどのように聞こえるかという観点でお話ししますと、「情熱が足りない」「つまらない人」「不親切」「聞き取りづらい」「フレンドリーでない」など、けっこう深刻な事態なのです。

特にアメリカ人には、フレンドリーに見えるという点がすごく大事。そのために、言葉だけでなく、身振りも派手になりがちです。それに比べると、顔の表情も乏しく、一本調子でフラットなしゃべり方をされると、そもそも言っていることに興味を持たれない可能性があります。

アメリカは基本的に明るいのが好きな国。ですので、話すときはスマイルを忘れないでください。気持ちが明るくなり、表情も晴れれば、自然に声の調子も上がり、一本調子から脱却できるようになります。

英語が聞き取れないと、黙ってしまう傾向が！

「失礼な人」「つまらない人」と思われたいなら…どうぞ

外国人に何か質問されても黙っている人がいます。たとえば、「イタリアンにする？　それともフレンチ？」と聞かれて、答えない場合です。質問が聞き取れなかったのかもしれませんが、何か反応しないと、相手に「失礼な人」と思われてしまうかもしれません。あるいは、「優柔不断な人」「つまらない人」とも。

たとえ質問の意味が聞き取れている場合でも、日本人の中には「こんなこと答えていいかしら。相手の気に入らないのでは？」と気をまわしてしまう方も多いようです。でも、質問した人は、相手の答えを尊重します。遠慮なく、思い通りに答えていいのです。

むしろ質問している人からすると、答えがないことのほうが、よほどダメージが大きいのです。

どうしても質問が聞き取れなかった場合は、そう言えば会話は成り立ちます。「どっちにしよう、わからない」とか「あなたに任せるわ」というのは、残念な答えなのです。

プラプラ
プラプラ
プラプラ
……

!! ブランドものを見せびらかしすぎます

自己表現をブランドに頼っている、中身のない人に見えてます

よくブランドものを見せびらかしたり、自慢したりする人がいます。でも、私たちから見ると、このようなブランドの偏愛は、「服に着られている感じ」「性格に深みがない」「自分の趣味がない」「中身がない人間」と感じてしまいます。

ブランドものばかり身に着けるのはお金持ちで、お金がなければ無理してブランドに手を出すことはありません。お金に余裕がないのに、ブランドで身を飾るようなことはやめましょう。ブランドで自分を表現しているように見えて、チグハグな感じがします。

本当のお金持ちは、ロゴを表に出さない、センスのいい高級品を着る、オーダーメイドの服を注文するなどします。

というわけで、ブランド品を買ってもいいのですが、ブランドに着られるのは残念なこと。服を着るときは、着ている自分の価値を意識してください。ブランドの価値はあなたの価値とは何も関係がありません。

ペラ
ペラ

!! パーティーなどに、夫婦同伴で来ない

「私は、家族を大事にしない遊び人です」と言っているようなもの

欧米では、パーティーに招かれたら夫婦同伴で行くのが常識となっています。ですので、たとえば夫人を連れてこないと、「家族を大事にしない人」「遊び人」と思われたり、「夫婦喧嘩中？」と勘ぐられたりしてしまいます。

アメリカではベビーシッターを頼む習慣があり、週に1回は夫婦で一緒に出かけるのがふつうです。ですので、片方の親が家に残り、もう1人が外に出るというのは不自然なことなのです。

また結婚すると、夫婦は一体とみなされるので、友達を共有したり、仕事上のお付き合いに同伴することも当たり前です。

というわけで、外国人に招待された場合は、2人で参加してください。また、あなたが外国人を招待するときは、夫婦一緒に招待してください。それが礼儀にかなったやり方、当たり前のやり方なのです。

‼子どもに握手をするのはやめたほうが…

子どもは戸惑い、大人には変なおじさんにしか見えません

「子どもの頭をなでないで」というアドバイスをしましたが、子どもに握手するのも、そぐわない行動です。子どもはいきなりの握手を嫌がるかもしれません。また、見ている大人からすると、「なんで子ども相手にビジネス行動なの?」と思ってしまいます。

実際、初対面の握手はフォーマルやビジネス上の行為です。子どもはフォーマルに挨拶する機会が少ないので、とまどいます。

仲良しなら、フィストバンプやハグがふさわしいと思います。フィストバンプというのは、こぶし同士を合わせるジェスチャーのこと。仲良しのシンボルのようなものです。

というわけで、子どもに親密さをアピールしたいなら、フィストバンプとかハイファイブ(40ページ参照)などがお勧めです。とても親しい関係なら軽いハグでもかまいません。

いずれにしても、子どもの反応をよく確かめながら行動に移してください。

目上の人と話すとき、目をそらす

外国人には、目を合わせることが、相手を尊重している合図

日本では、目上の人をじろじろ見るのは失礼な行為という通念があります。その結果、わざと目をそらしたり、うつむいて下を見ることになります。

しかし、外国人の上司から見ると、この日本的な風習は、自信がない態度、あるいは上司への尊敬の欠如と取られてしまいます。上司が話をしている場合なら、真剣に聞いていない、上司に不信感を持っていると思われてもしかたないのです。

相手の言うことを聞いている、相手の存在を尊重しているという思いを伝えるためには、話している人の目をしっかり見てください。私も子どもの頃、目上の人の目を見ないと叱られました。ですので、私の子どもには、その通りに教えています。

目を合わせることが、相手を尊重しているという合図になるのです。どうしても上司の目を見るのが怖ければ、ペットボトルのキャップを上司の目に見立てて練習するのもよい方法ですよ。

もうチョット言わせて

もう少しだけ、勇気を出して意思表示をしませんか

これは、日米の文化の差、気質の差が大きく影響する案件です。

日本人同士は、意見をはっきり述べて議論するという習慣がありません。まして、目上の人に議論を吹っかけたり、対等の立場で意見を言ったりすると、生意気なやつというレッテルを貼られたりしますよね。

アメリカではちょうど反対で、自分の意見を持たない人、自分の意見を発表できない人は、弱い人、頼りない人、積極性に欠ける（やる気のない）人と思われてしまいます。

日本人は、ゲームとしての議論（ディベート）の方法やルールを知らないので、議論の

はずが喧嘩になってしまいがち。ゲームとしてのディベートの場合でも、議論が終わったあとに気まずい関係になってしまったなんて話をよく聞きます。

これに対し、アメリカ人をはじめとする西洋人は、議論を楽しむ傾向があり、食事の席でも喜んで議論をします。言い方を変えると、食事の席で、いつまでもお天気や趣味の話ばかりしていると、退屈な人と思われてしまいます。

実際、議論にはルールがあります。まず、自分の立場をはっきりさせること。すなわち、賛成・反対の態度を明確にします。そのあと、理由を述べ、できれば実例をいくつかあげます。こうすると、理由や実例についての議論がはじまり、ディベートが共同作業になっていくのです。感情的になることは、ふつうはありません。

ところで私は、日本人の友人から、こんなグチを聞いたことがあります。彼ら日本人スタッフは一生懸命働いているにもかかわらず、まったく昇進しないというのです。そこで私は彼に、ミーティングのときに発言しているか尋ねました。

彼によると、発言はまったくしていないとのこと。そこで私は、勇気を持って発言するように彼に言いました。すなわち、質問を用意し、会社を改善するためのアイデアを発表するように促したのです。

彼が発言をするようになって、半年後にプロモーションを勝ち取ったそうです。

アメリカでは、小学校のときから、個人個人の意見を求められます。先生の話をうのみにするのではなく、質問をすると評価が上がります。手をあげ、声を出すことが求められるのです。私も、授業中に質問を思いつかないときでも、なんとかひねり出して、授業のあとに質問するように努めたものです。

家族でレストランに行ったときも、何を食べたいか、1人ひとりの意思を尊重します。常に何をしたいか、何をしたくないかを意思表示することが、子どものときから求められ、鍛えられるわけですね。

ヤバイしぐさ

レベル

1 **2** 3 4 5

気をつけて!

Be careful !

!!

何度も何度も「お礼」を言わないで…

日本人はお礼のしすぎ。かえって申し訳なくなります

日本人のおもてなし精神や、相手のことをおもんぱかる気づかいは素晴らしいと思います。でも、それが行きすぎると、私たちにはどう対応していいかわからなくなります。

そのひとつの例が、「お礼のしすぎ」。会うたびに「先日はありがとうございました」と言われ続けると、何のお礼かもわからなくなり、かえって気まずい思いをしてしまいます。「そんなにたいしたことしてないのに」と、こちらが申し訳なくなったりもします。

何度もお礼をするのは、本当に大変なことをしてくれたときにしてください。たとえば、家族が病気になったときに親身になって世話をしてくれたとか。

お礼は1回きり。ただし、なるべく具体的に。「野球帽ありがとう。ヤンキース大好きなの。このタイプの帽子は日本では買えないから、超うれしい！」のように。

言葉より行動で示すのも大事です。プレゼントをもらったら、すぐに開く。家に帰ったら身に着けて、写メを送ってお礼をするなどは、気持ちが伝わります。

サンキュー
サンキュー
サンキュー
サンキュー

!!

「つまらないものですが」は日本人同士に限って

外国人には「日本人の謙遜」はまず通じません

日本人の謙遜は、外国人には通じないと思っていただいたほうが無難です。「つまらないものですが」と言われれば、額面通りに「ああ、つまらないものなんだ」と思ってしまうのです。これは、文化の違いですが、知っておいていただきたいのです。「つまらないものですが」と言われると、私たちの反応は、次のようにエスカレートしてしまいます。「どうしてわざわざつまらないものをくれるのだろう？　私のこと大事だと思ってくれていないのかな」と。

人にプレゼントするときは、どうしてそれを選んだか話すのがベストです。たとえば「かわいいブティックで、この髪留めを見たら、あなたのこと思い出しちゃって」とか「ブルー似合うし、このパール気に入ってもらえると思って」などと。

どうしても謙遜したいときに使える英語は、Here's a little something for you.（ささやかなプレゼント）です。間違っても「つまらないもの」とは言わないでね。

ノーサンキュー！
キッパリ

なぜ、仕事がないのに帰らないの？

仕事は、いかに生産性を上げるかが重視されます

これは、最近の日本では減ってきていると思いますが、やはり根強い伝統を感じます。でも、欧米では、仕事の時間が終わったら家に帰り、しっかりリフレッシュすることで、翌日のためのエネルギーを回復できると考えます。

アメリカでは、仕事をしている時間よりも、いかに生産性を上げるかのほうが重要視されます。たとえば、私のいとこの会計事務所では、就労時間は決められていません。しっかり仕事をし、成果を上げさえすれば、好きな時間に職場を離れても自由なのです。「居残る」ことでペイは増えません。

仕事が終わったら家に帰りましょう。そのことでとやかく言われるなら、上司と話し合いをするなり、もっと進歩的な考え方の会社に移ることを考えてください。

アフター5の時間を利用して英語を学び、もっと効率重視の外資系の会社に移るのもいいのでは？

12
6

!!

音を消すために、トイレの水を2回流す

「大きなウンコが出たのだろう」と邪推されますよ〜

日本の女性は、トイレ中の音を消すために、よく水を流します。しかし、これは外国人から見ると「水の無駄使い」にしか見えません。あるいは、「よほど大きなウンコが出たのだろう」と邪推されるかも。

アメリカや欧米の国々で、トイレを2度流すのは、1回で流れなかった大物のウンコを流すときだけ。

恥ずかしがらずに、家でやるときと同様、1回で流してください。

これは、風習や考え方の差かもしれませんね。日本人は、トイレの音は下品であり、人を不愉快にさせると思うのでしょう。もちろんその気持ちはわかります。

しかし、私たちアメリカ人は、それ以上に「水の無駄」のほうが気になってしまうのです。言い方を変えると、出てしまう音は仕方ないと考えているわけですね。

ジャー
TOILET
ジャー

!!

英語を話すとき、声が小さくなる

自信がない人、退屈な人、無礼な人と思われます

声が小さいと、自信がない人、熱意のない人と見られます。場合によると、退屈な人、いささか無礼な人と思われるかもしれません。

アメリカ人は、自分の熱意を伝えるためにできるだけ大きな声を出します。小さな声で話すと自信のない、自己評価が低い人間と思われてしまうからです。

日本の方は、文法や単語に自信が持てないときに、どんどん声が小さくなってしまいます。でも、これは「英語が苦手」よりも「自信がない、相手に伝える気持ちがない」と取られてしまいます。たとえ、英語に自信がなくても、大きな声で、はきはき話すよう心がけてください。正しい英語をボソボソ話すよりも、多少つたない英語でもはきはき話すほうが、ずっと印象はよくなります。

日ごろから、どうかスマイルを忘れずに。気持ちが明るくなれば、声も高く、ハリも出ます。外国人は、英語のうまい下手より、相手を思う気持ちと態度をはるかに評価します。

what?
I am…
もじもじ

!! ウェイターなどお店の人に、横柄な態度をとる

二重人格者？ もうお付き合いしたくない…

よくレストランなどで、友達には慇懃《いんぎん》な態度をとるのに、ウェイターやウェイトレスには横柄な態度をとる人がいます。いかにも「君たちとは身分が違うんだ」というように。これ、最悪なんです。私たちには、信頼できない二重人格者のように見えます。今後はもうお付き合いしたくない人と感じてしまいます。一瞬のうちに。

アメリカの文化では、誰もが平等という考え方が常識です。職種や収入や性別によって差別することも許されません。

職場においても、上下関係を見せつけるような態度は忌み嫌われます。労働組合に訴えられるかもしれません。

ですので、ウェイターに対しても、ガソリンスタンドのアテンダントに対しても、平等な態度をとってください。自分よりも下の人間ではなく、自分にサービスを提供してくれる時点で、友人だと思って笑顔で接し、きちんとお礼を言ってほしいのです。

!!

なぜ日本人は、人前であんなに酔っぱらうの？

外国人は「自己管理ができない恥ずかしい人」と手厳しく評価

日本には、お酒を飲みながらのほうが本音で話し合いができるという考え方がありますが、外国人は、人前で酔っぱらうことを恥とし、酔っぱらっている人に対して「自己管理ができていない」と手厳しく評価します。

アルコールの量を自己管理できないのは、社会的に見て最悪と判断されます。大学時代ならまだしも、社会人になってからは、言い訳ができません。

ですので、アルコールは少しずつ飲む、酔っぱらいすぎない程度で抑えるのが礼儀です。外国人の中にはお酒に強い人もいますので、相手のペースに合わせて、自分の適量を超えて飲むのは危険です。自分が酔いはじめたと思ったら、NOと断ってください。

アメリカでは、NOと言っている人に無理やり飲ますのはマナー違反なのです。まして、日本の若者の一気飲みなどは、どうにも理解に苦しむ慣習です。

!!

目が合ったのに、挨拶せずにスルーって…

見知らぬ人でも、目があったら挨拶するのが、外国人の常識です

通りで見知らぬ外国人とすれ違ったとします。そのとき、相手と目が合ったらどうしますか？　おそらくほとんどの日本人は目をそらして、そのまま通り過ぎると思います。しかし、このふるまいは、外国人には、「失礼」「冷たい」「横柄」、あるいは「自信の欠如」と取られてしまいます。

目があったら「ハロー」と声をかけるのが、私たちの常識なのです。目が合ったということは、相手の存在を認めたということ。それを無視して通り抜けるのは、とても失礼で冷たい行為と見られてしまうのです。

ですので、目が合ったら、スマイルとともに、軽くでいいですから「ハーイ」と声をかけてみてください。英語の勉強も大事ですが、このような積極的な態度も、とても大切です。今後、外国人とすれ違ったときは、あなたのほうから笑顔のハーイを発信してみてください。

ミエテナイ・・・？

!!

一緒にいるときに、ばったり会った友人を紹介しない

「なんで紹介してくれないの？」外国人の頭の中はパニックに！

外国の友達と道を歩いていたとします。そこにあなたの知り合いの日本人が通りかかったとすると、あなたはその人と言葉をかわすでしょうが、わざわざ外国人に紹介する人は少ないと思います。でも、こういうとき、私たちはどう感じるかというと、「え、なんで紹介してくれないの？」「誰？」「もしかして秘密？」と思ってしまうのです。ですから、このような行為は、「失礼」「相手のことを考えていない」「社交的じゃない」「礼儀正しくない」とみなされてしまいます。最悪の場合、「浮気を隠してる？」と思われることもあるくらいです。

知り合いに会ったら、横の外国人に紹介してあげてください。それが、欧米の礼儀なのです。パーティーでも、新しい人が加わったら、それまで話していた人に紹介するのが礼儀です。簡単でいいから紹介して、話を続けてください。少なくとも紹介すれば友達の輪は広がるし、そこから楽しい展開が待っているかもしれません。

who?

混んだ電車の中で、人に触れてもダンマリ

たとえ無意識でも、詫びないとパンチを食らうかも

どんなに混んだ電車の中でも、人の体に触れたときは、ひとこと詫びないと、無礼な人、配慮の足りない人と思われてしまいます。

欧米では、人とじかに触れることには、重要なメッセージ性があります。私たちは、感情を伝えるため、何か目的を持って人に触れるのです。握手もハグも、アームタッチ（腕同士を触れるしぐさ）も、特定の目的を表します。ポジティブなメッセージの場合も、ネガティブなメッセージの場合もあります。

したがって、無意識に、あるいは不本意に触れてしまった場合は、きちんと詫びないといけないのです。もしもバーなどで人に触れてしまい、きちんと詫びないとパンチを食らうかもしれません。

このような事態を避けるためには、触れたらすぐに、真剣に謝ってください。そのときの顔の表情も大事です。

人ごみで人にぶつかっても知らんぷり！

相手を「物」としてしか見ていない失礼な行為です

道を歩いていて人に触れたときに黙っている——これは、とても失礼な行為です。人のことを何とも思っていない、横柄な態度と取られます。

人ごみの中でも、いくら急いでいるときでも、人に当たったときは、Excuse me.（失礼）と声をかけてください。ところが、日本人はぶつかっても知らんぷりの人が多いようです。

アメリカでこれをやると、喧嘩のもとになります。バーなどでやると、パンチを食らうかもしれません。

とにかく、人に触れたら反射的に、Excuse me. とか Sorry. と言って、謝ってください。

これは、相手を「物」ではなく「人」として見ているという証拠になるのです。

もちろん、ぶつからないにこしたことはありません。

!!

「喫煙可」だと、当然のように吸いはじめる人多し

周囲に配慮を欠く、横柄な人と思われてしまいます

「ここは喫煙スペースなんだから、タバコを吸うのは自由だろう」という考え方は、気をつけたほうがいいです。場合により、周囲に配慮を欠く横柄な人、行儀の悪い人と思われてしまいます。喫煙ＯＫでも、目の前の相手が食事をしているときは、タバコを吸わないのがマナーです。

たとえ野外のバルコニーが「喫煙可」となっている場合でも、そこに来る人はきれいな空気を求めて屋内から出てきているのです。ですから、やはり周囲の人に気を使ってください。

アメリカ人は「自分のスペース」をとても大事にします。タバコを吸うと、その煙は相手のスペースに（体内にまで）侵入してしまいます。特に、妊婦や子どもの周りでは絶対にやめてください。許可を求める場面でもありません。私たちからすると、子どもにお酒やタバコをあげているのと同じ感覚なんです。しかも無理やり。

‼ 会話中、相手の目をじっと見る習慣がないのはわかるけど…

「別のことを考えているの」「自信がないの」と思われてしまいます

アイコンタクトという言葉を聞いたことがあると思います。会話のときに、しっかり相手の目を見ることです。日本人同士ですと、あまり相手の目をじっと見る習慣はないと思います。しかし、外国人相手の場合、目を見て話し、目を見て聞かないと、「注意を払っていない」「ちゃんと聞いていない」「別のことを考えている」、あるいは「自信がなくて目が見られない」「恥ずかしがり」と思われてしまうのです。

ちゃんと相手の言うことに耳を傾けていますという合図が、多くの国では、相手の目を見ることなのです。

対応策としては、ずばり、相手の目を見ることと、適宜うなずくことに尽きます。そのうえで、質問をしたり、リアクションをしたりして、会話に参加しているという意思表示をしてください。「すごい！」「ほんと?」「面白い！」などの相槌《あいづち》も有効です。また、相手の言うことがわからない場合は、遠慮なくわからないと告げてください。

不機嫌だったり疲れているとき、そのことを伝えない

外国人には、「相手の気持ちを察する」文化はありません

人間ですから、不機嫌なときや、体調が悪くて話すのがおっくうなときがあるのは、しかたないことです。でも、あらかじめそれを断っておかないと、外国人には「失礼な人」とか「ひょっとして私のこと嫌いなの？」と思われてしまいます。

私たち外国人には、日本人のように、「相手の気持ちを察する」とか「阿吽《あうん》の呼吸」という文化がありません。「あ、今日は虫の居所が悪いのかな？」なんて気をまわして察するなんてことはないのです。

たとえば、「今週は仕事が山ほどたまっていてクタクタなの。いつもの私のようにはできないかも、ごめんね」と言われれば、相手の状況を正確にキャッチすることができます。

このような断りなく、勝手に不機嫌を続けていると、相手は「きっと自分が原因で不機嫌なんだわ！」と感じて、悲しくなってしまうかも。なので、不機嫌や不調の原因が相手ではないことだけは伝えてあげてください。

もうチョット言わせて

なにより最悪なのは、自分の存在を無視されることです

こんなことがありました。私が20歳で、東京の大学で学んでいたときのことです。近所に、ユキという名の友達ができました。

あるとき、彼女と道を歩いていると、向こうから彼女の友達とおぼしき人がやってきました。2人はしばらく話をし、その友達は去っていきました。そのとき、私の心は乱れ、とても悲しくなりました。

「なぜユキは私を紹介してくれなかったの？　私がガイジンだから？　私に何か隠し事でもあるの？　友達をシャアするのがいやなの？」

今なら、これは悪気があってやったことで

はないことがわかります。でも、当時の私は日本人の行動パターンに慣れていなかったので、大きなショックを受けたのです。

私たちは、このように偶然出会った場合も、友達をシェアするのが礼儀だと考えます。名前と、自分との関係と、何か1つエピソードを添えるのが通例です。「一緒にお料理を習っているの」というように。

もしも紹介されないようだったら、積極的に自分から手を差し出し、自己紹介します。自分はフレンドリーな人間であることをアピールするのです。

私は日本の方に、自分の目の前にいる人の存在を大事にしてほしいのです。

こんなエピソードも聞いたことがあります。

自動車の販売店に、買う気満々のアメリカ人夫婦がやってきました。営業マンは、旦那さんに一生懸命、新車の説明をしました。当然買ってもらえると思って。しかし、この夫婦はその店では車を買いませんでした。

もうおわかりですね。営業マンが、奥さんの存在を完全に無視したからです。

彼女が私に、そのときの気持ちを話してくれました。

「営業マンが私の存在を無視し、私のほうを見ることさえしなかったので、完全に頭にきたの。私は彼の説明をさえぎって、夫にこんな店で買うのはやめましょうと言って、別の店に行って買ったのよ！　外国人の奥さんを甘く見たら痛い目に合うわ！」

この夫婦が買おうとしていたのは高級車でしたので、この営業マンは大きな利益を棒に振ったことになります。

このように、お店でも、パーティーでも、ビジネスの場でも、どんなにひどいことを言われるより最悪なのは、自分の存在を無視されることなのです。

こんなことを言った人がいます。「馬鹿にされるのも、反論されるのもかまわない。我慢がならないのは、無視されることだ」と。

ヤバイしぐさ

レベル

1 2 3 4 5

私なら許すけど!

Attention please!

乾杯するとき、グラスをカチンッと合わせる

欧米人には、実はそんな習慣はないのです

日本の方は、私たち以上に乾杯が好きみたいですね。パーティーでもなく、ただの会食のときでも、全員がそろったら乾杯します。なるべく全員とグラスを合わせようとします。

ところが、私たちには、実はこのような風習はないのです。

目の前にお酒が注がれれば、各自勝手に飲みはじめます。乾杯のしぐさだけで、わざわざグラスを合わさない。合わすとしても、隣の人のグラスに軽く合わせるくらい。音がするように強く合わせたりしません。割れたら危険ですしね。

つまり、特別なシチュエーション以外、ふつう乾杯はしないのです。シンプルに、「では食べはじめましょう！」でスタートしたり、「皆さんに会えてうれしいです！」(It's great to see you all.) と言って、食べはじめます。特別な行事なら、こんなふうに乾杯をします。「誰々のために乾杯しましょう」(I'd like to propose a toast to ～.)、「誰々に乾杯」(Put your glasses up for ～.) と呼びかけて、みんなで乾杯！

カンパーイ
カンパーイ!
カンパーイ

!!

お酒の席で、外国人と「差しつ差されつ」は期待しないで！

他人の自由を認めない強引な態度に思えてしまいます

日本人同士で酒を飲む場合は、互いに注ぎ合い、お酒を勧め合うのが礼儀となっています。しかし、外国人相手に、これはしないでください。

無理に酒を勧められると、私たちは自分の考えや状況を無視されたように感じます。つまり、他人の自由を認めない強引な態度に見えてしまうのです。

アメリカ人は、イエス・ノーを躊躇《ちゅうちょ》なくはっきり言う習慣があります。日本のような遠慮の文化はないので、無理やりに飲まそうとしなくてけっこうです。欲しければ飲むし、欲しくなければ飲みません。

日本人には遠慮の「美徳」があるので、ノーと言っても勧めるという土壌があるのだと思います。

というわけで、外国人がノーと言ったら、無理に勧めないでください。

日本の方だって、欲しくないものを勧められたら困るでしょう？

まま～ま～

!!

日本の男性よ、なぜ女性に年齢を聞くの?

見た目や若さでランクづけしようとする魂胆がみえみえです

これはマナー違反で、相手に失礼です。女性を年齢で判断しようとしているように感じられ、女性の気持ちをわかっていない、という気にさせられます。

つまり、女性を能力や実績ではなく、単に年齢(どれくらい若いか)で判断しようとしているわけで、容姿や可愛らしさでランクづけしようとしている魂胆がみえみえなのです。

一般に、日本の男性は若い女性ほど好む傾向があり、それに応えて女性のほうも若さを競い合う風潮があると思います。

しかし、欧米では、若さよりもむしろ経験や知識を重視しますし、第一、女性だからという理由で特別な目で見れば、差別意識の高い人と思われてしまいます。

たとえば、ニュースキャスターは、30代でも若すぎると見られる傾向があります。世界情勢の知識、人から話を引き出す技術、それに何といっても自分で判断が下せる自立した人間になるためには、相応の人生経験が必要だと考えられているのです。

……
……
デモ～

!!

酒席で見かける、女性への「こっちに来なさい」発言

外国人は、見ているだけで非常に不愉快です

外国人の女性に向かって、酒席で「こっちに来なさい！」と声をかけるシーンは、なかなかないかもしれません。しかし、外国人が同席する場で、日本人女性に向かって言うという場面はありうるかもしれません。

いずれにしても、このように女性をあごで使うのは、立派なセクハラ、あるいはパワハラです。見ている私たちは非常に不愉快な気分になります。相手の尊厳を無視した、強引な態度というべきでしょう。

まず第一に、丁重な言葉づかいをお願いします。そして、可愛い女の子を選んで側にはべらせようとするのはよくありません。ビジネス上の評判を落とします。誰にも分け隔てなく接してください。

もしもあなたがシングルなら、バーや飲み屋で女性に興味を持つのは仕方ないことかもしれませんが、その場合も相手の気持ちを尊重し、粗野な言葉をかけないでほしいのです。

NO!
ガシッ
キャー!

!!

会席のとき、座る位置に異常にこだわる

上座・下座の観念がない外国人には、「時間の無駄」にしか見えません

ビジネス上の会食でも、親戚との会食でも、日本人は座る場所にすごくこだわりますよね。「そっちが上座です！」とか。これ、外国人にはまったく意味がわかりません。そもそも、上座とか下座とかの観念がないのです。

ですので、どこに座るかでうろうろしたり、上座を勧めあったりしているのを見ると、「何してるの？」「時間の無駄じゃない？」と思えてしまうんです。

外国では、重要人物はみんなの話が聞きやすいセンターに座ったり、景色のいい場所に座ったりします。席次で場所を決めることはありません。

どうしても上座に座らせたい場合は、「日本では席順が決まっていて、重要な人がこちらに座るという風習があるのです。あなたに来ていただいたことはとても光栄なので、こちらにお座りください」のようにきちんと説明すれば、快く座ってくれるでしょう。

!! 太っている

外国人には、「自己管理ができない人」「無責任な人」とみられます

肥満はビジネス上は、大きなマイナスです。アメリカでは太っている人を、「自己管理ができていない」「無責任な人」とみなします。隠しようもないことなので、ビジネスをやろうと思う人は、日頃から体形や体調の維持に腐心するのです。ジョギング、サイクリング、トライアスロン、ジムでのエクササイズなどが好まれます。なお、「太っている」の反対の「やせている」も、評価されません。弱々しい人という印象を与えるからです。

もちろんアメリカにも肥満体のビジネスマンがいないわけではありません。しかし、昔のように、暴飲暴食し、運動もしないでいいという時代ではないのです。超多忙な大統領でさえ、毎日エクササイズします。

私は、３人の子育てをし、ビジネスをし、フルタイムで働き、著作活動もしていますが、毎日ランニングを欠かしません。常に体は健康で、ビジネスの場でピークの状態をキープしています。

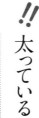

よろしくお願いします！
仕事は頼まないけどねぇ〜

!!

酒癖が悪い

週3回以上お酒を飲む人は「アルコール中毒」とみなします

酒癖が悪いのも、ビジネス上、大きなマイナスです。場合によると命取りになるかも。「自己管理ができていない」「まわりの人のことを考えず横柄」と見られますし、自己管理ができていない時点でアル中と判断されてしまいます。

実際アメリカでは、週3回以上、または定期的に3杯以上お酒を飲んでいる人を「アルコール中毒」とみなします。そのような人は、一発で信頼感がダウンします。

仕事上のお酒の場合も、食事と一緒にゆっくり飲んでください。相手の飲む量を見ながら調節してください。ただし、西洋人の中には酒に強い人がいます。同じ量を飲もうとすると、適量を超える恐れがあるので注意してくださいね。

外国人が相手の場合、一度勧めて「もうけっこうです」と言われたら、それ以上は注ぎません。私たちは、飲みたければ飲む。自分のことは自分で管理したいのです。飲みたくなれば、自分で注いで飲みます。注がれるまでじっと待つなんてことは、ありえません。

週２日休肝日！
アル中……

!! タバコを吸う

「汚い」「臭い」「配慮が足りない」…喫煙者はさんざんな印象です

今や喫煙の印象は非常に悪く、「汚い」「不健康」「臭い」「周囲の人への配慮が足りない」など、さんざんです。

喫煙は、当人の健康を害するだけでなく、周囲の人々にダメージを与えます。中にはタバコアレルギーの人もいるので、人がいる場所での喫煙は許されない行為なのです。

飲酒は当人の健康に影響するだけですが、喫煙は受動喫煙などの害を周囲に与えるので、はるかに厳しい目で見られます。また、タバコで変色した歯などは、最悪です。

どうしても吸いたいときは、ひとこと断り、屋外やバーに行って吸いましょう。

アメリカでは、レストランでも喫煙は許されない行為となっています。日本でも、最近は禁煙席と喫煙席を分ける店が増えたようですね。これは、英語圏の国の人にとっては、たいへん歓迎すべき変化です。

汚い…
臭い…
不健康…
人間失格…

!!

歯の手入れをしていない

外国人は、髪やファッションよりも、歯の美しさを重視します

歯の手入れをしないと、見た目に不潔であり、経済的に貧困であると見られたり、場合によると麻薬の常習者と見られたりします。

特にアメリカは、歯の手入れを非常に重要視します。私の中学時代を思い出してみても、9割の生徒は歯列矯正をしており、残りの生徒は経済的な理由からそれができないのだと見られていました。

驚かれるかもしれませんが、私たちは、髪の毛よりも、肌よりも、ファッションよりも歯のことを大事にします。アメリカ人はよく笑い、会話でも、日本人に比べて大きく口を開けてしゃべります。ですので、どうしても歯への関心が高くなるのです。

アメリカ人と付き合う場合は、歯を白くしたり、歯列を整えることに関心を持ってください。正直言って、歯の手入れを怠っている人とデートする気になりません。また、歯の汚れた会社の幹部なんて、想像もつきません。

……ムリ

!! 海外に行っても、日本と同様に公共の場でお酒を飲む

意外かもしれませんが、お酒のマナーにはかなりシビアです

日本にはお花見などの風習があり、野外でお酒を飲む場合がありますね。でも、欧米では公の場所で飲酒する習慣がありません。これを法律で禁じている国もあります。ですので、日本でそういう光景を見ると「こんな所で酔っぱらっている！」と見えてしまいます。

お酒のマナーに関して、アメリカ人はかなりシビアです。場所をわきまえずに飲むのはアル中と思われてしまうんです。ましてや、公共の場所で奇声をあげたり、酔って歌をうたったりは、考えられません。

というわけで、（海外では）お酒はしかるべき場所で飲んでください。バーとか、家庭内とか。

これは、タバコも一緒。喫煙場所で吸う。所定の場所が決まっているということは、それ以外の場所で飲んだり吸ったりはしないというのが、暗黙の前提なのです。

NO!

!! 食べるとき、皿や器を持ち上げる

和食では当たり前の行為も、洋食ではご法度！

欧米では、コップ以外の食器には、口をつけないで食べるというルールがあります。これも、日本とは違う習慣ですね。ですので、誰かが食器に口をつけると、「子どもっぽい」「お行儀が悪い」とか、場合によると下層階級の人と見られたりしてしまいます。

日本では、茶碗や汁椀を手に持って食べるのが当たり前ですが、欧米ではこれはご法度なんです。私も子どものころ、背中を伸ばして座り、コップ以外は、決して食器を持ち上げないように教えられました。

とはいえ、和食では食器を手に持つのは当たり前ですから、ひとこと食べ方の違いを説明してあげるとよいでしょう。「日本では、小さなお皿や茶碗を手に取って食べるのがふつうなのです」と。ただし洋食の場合は、食器を手に持たない、食器に口をつけないで、必ずナプキンを膝の上に置いてください。私が日本に来てびっくりしたのは、紙ナプキンが小さい（あるいはない）こと。これでは、着ているものが汚れてしまいます。

えー？
NO!

!!

外国人のお客様の後ろを歩いてませんか？

ホストの前を歩かされるのは、いたたまれないのです

これは日本の方から聞いた話です。イギリス人のゲストを招いたとき、彼らの後ろを歩こうとしたら、「われわれはゲストなので、どうか先を歩いてください」と言われたというのです。いくら「日本では、女性は男性の3歩後ろを歩くものなのです！」と説明しても、絶対に納得しなかったそうです。結局、肩を組んで進んで大笑いになったそうですが。

外国人のゲストにとって、ホストの前を歩かされるのは、相手にとても失礼なことと感じてしまいます。特に相手が女性の場合は、レディーファーストというルールも犯すわけで、いたたまれないことなのです。

というわけで、ゲストを導くときは、横または前に立って先導してください。また、部屋に導き入れるときは、必ず女性を先に入れるように注意してください。

コッチ？

外国人がクシャミをしたとき、無関心

できれば「Bless you.」と言ってあげると喜ばれます

アメリカでは、相手がクシャミをしたとき、すかさず Bless you. と声をかける習慣があります。これは習慣の違いだから、良い悪いの問題ではありません。ですので、相手が何も言ってくれなかったときに私たちが受ける印象だけを述べることにします。

クシャミをしても何も言われないと、「ちょっと失礼」「無関心な人」「わかってない」「人のことを気にしない冷たい人」という感じがしてしまいます。

この習慣がいつはじまったかといいますと、590年にグレゴリー法王が「誰かがクシャミをしたら Bless you. と言ってあげましょう！」と提案したのがはじまりだとされています。当時、疫病が流行っており、クシャミは病気のはじまりと考えられたのです。それで、「神の恵みがありますように！」と相手の無事を祈ることを、法王が推奨したというのです。というわけで、外国人がクシャミをしたら、Bless you. と言ってあげてください。

また、自分がクシャミをしたら、Excuse me. とひとこと言うといいでしょう。

ハクション!!
すーん

もうチョット言わせて

ぜひ知っておいてほしい、食事やお酒の風習の違い

食事やお酒を飲む場所で、日本人と西洋人の風習の違いが浮き彫りになることがよくあります。もちろん、文化もしきたりも違うので、これは良い悪いの問題ではありません。でも、食事の場では、誰でも本音が出やすくなるのも事実なので、ちょっと私の言うことを聞いていただきたいのです。

日本の家族は、家族単位で注文することが多いですよね。大皿で取って、みんなでシェアするとか。でも、私たちにはこのような習慣がありません。たとえ子どもであっても、注文は各自で行い、責任を持って食べるようにします。

親が子どもの皿に取り分けたり、まして子どもに食べさせるようなことはしません。子どもが小さいときはやりますけど。

これは大人になっても同じです。いくら親しい間柄でも、食べ物を分け合う習慣がないのです。ですので、「それ、少し分けてくれない？　味見したい！」みたいなおねだりも絶対にしません。

自分の食べたいものは自分で注文する。それは、他人に代理させるなんて考えられないからです。親なら好きな食べ物を知っているかもしれませんが、「今食べたいもの」は本人しかわからないはずなのです。

食事の作法で、私たちに理解できないことに、「全員そろうまで待つ」というのがあります（感謝祭やクリスマス・ディナーのときなどは特別ですが）。それがどんなに偉い人であっても、遅れた人に合わせる意味がわかりません。

私たちは、席についた順に、どんどん注文し、食べはじめます。乾杯のために、飲むのがおあずけになるという風習もないのです。

あと、本文で何度も書きましたように、人前で酔うのは恥と考えます。そもそも、酔っぱらうのは、自分の適量をわきまえていない、その場に合わせて自分を失う、相手が偉い人だとそのペースに合わせる、など自分をコントロールする力がない人、自己アピールの力が弱い人であることを露呈していると思われてしまうのです。ですので、お酒を飲むときこそ、節度を持って臨まないといけないというのが西洋人の考えなのです。

もちろん、私は日本人同士のお酒の流儀をどうこう言うつもりはありません。社会の意思疎通のために、飲みゅニケーションが必要なことも理解しています。でも、外国人が加わった席では、少し注意していただきたいのです。

最後に付け加えますが、日本人のビジネスでは、酒席で本音を出し合うという習慣があります。しかし、西洋人は、話し合いは会議の席上で決するというのが鉄則です。会議ではあいまいにボカして、お酒を飲んでから本格交渉なんて、思いもよらない発想なのです。

おわりに

この本をお読みいただき、ありがとうございました。最後にジャニカからひとこと。

本書では、気になる日本人のマナーを、「絶対ダメ！」「やめてください！」「意外かもしれないけれど！」「気をつけて！」「私なら許すけど！」の5つのレベルに分けて説明しました。

これは、「どうか外国人の誤解を受けないようにして！」というレベルから、最後はむしろ、「外国の人たち、これは風習の違いだから日本人のことを理解して！」というレベルに並べたということなのです。

私は19歳のときに、『ここがヘンだよ日本人』というテレビ番組に出演したことがあります。この番組は、日本人のマナーを外国人の立場から、面白おかしく批判するものでした。でも私は、外国人たちの不満やフラストレーションの多くは、日本の文化や風習に対する理解不足から生じていると感じたのです。

この本で触れた要注意のしぐさやマナーについても、日本人にはちゃんと理由があってしていることも理解しています。たとえば、男の人が女性の前を歩くのは、女性を守るためなのだ、とか。

日本に15年以上住んでみて、今では私は日本のよさがよくわかります。私が育ったアメリカは、日本に比べ、非常に歴史の浅い国です。決して完璧な国ではありませんし、むしろ日本から学んでほしい点がたくさんあります。少し例をあげてみましょう。

「おもてなしの文化」

日本のおもてなし文化が、いかに高く評価されているかは、ミシュランでの三ツ星店の数が世界一であることでもわかるでしょう。ミシュランの評価は、単に料理のおいしさだけではなく、おもてなしの質も重要な要素になっています。

「清潔さ」

お手拭き、常に携帯しているティシューとハンカチ、靴を脱いで室内に入るなど、日本の清潔感は世界一。町や駅にゴミが見当たらないのも驚きです。

「謙遜の精神」

この本の中で、日本人の謙遜の精神は外国人には理解しがたいと書きましたが、だからこそ、われわれは日本人に学ぶべきだと思います。これは、疑いなく、日本人と日本文化の美質なのです。

「人の気持ちを読む」

これは、われわれアメリカ人に最も欠けている美点です。「言葉にして言わなくてもわかる」「相手の気持ちを察する」「阿吽《あうん》の呼吸」などは、最も日本人に学ぶべき点だと思っています。

最後にもう一度言います。

私は、日本もアメリカもこよなく愛するからこそ、この本を書かせていただきました。

ジャニカ・サウスウィック

著者紹介

ジャニカ・サウスウィック

米国ユタ州出身。高校在学中、ウェーバー州立大学に特別入学。上智大学比較文化学部を経て、1999年から15年以上に渡り、NHKの「基礎英語1・2・3」「えいごリアン」などに出演する一方、ネイルサロン、タレント事務所、キッズ英会話教室も経営するビジネスウーマン。イメージ・コンサルタントの資格を持ち、セレブや企業経営者らを含む4000人以上をコーチングしている。さまざまな大手企業で講師も務める。著書に『ジャニカの5秒で返信！英会話』（三修社）などがある。

〈オフィシャルブログ〉http://ameblo.jp/janicaeigo/

晴山陽一

1950年東京都出身。早稲田大学文学部哲学科卒業後、出版社に入り、英語教材の開発を手がける。1997年に独立し、精力的に執筆を続けている。著書は140冊を超えており、日本の英語教育改革にも尽力している。著書に『たった100単語の英会話』シリーズをはじめ、『こころ涌き立つ 英語の名言』（小社）、『英単語速習術』（ちくま新書）、『すごい言葉』（文春新書）などがある。

〈オフィシャルサイト〉http://y-hareyama.sakura.ne.jp

本文デザイン／青木佐和子

イラスト／ひらのんさ

人生の活動源として

いま要求される新しい気運は、最も現実的な生々しい時代に吐息する大衆の活力と活動源である。

文明はすべてを合理化し、自主的精神はますます衰退に瀕し、自由は奪われようとしている今日、プレイブックスに課せられた役割と必要は広く新鮮な願いとなろう。

いわゆる知識人にもとめる書物は数多く窺うまでもない。

本刊行は、在来の観念類型を打破し、謂わば現代生活の機能に即する潤滑油として、逞しい生命を吹込もうとするものである。

われわれの現状は、埃りと騒音に紛れ、雑踏に苛まれ、あくせく追われる仕事に、日々の不安は健全な精神生活を妨げる圧迫感となり、まさに現実はストレス症状を呈している。

プレイブックスは、それらすべてのうっ積を吹きとばし、自由闊達な活動力を培養し、勇気と自信を生みだす最も楽しいシリーズたらんことを、われわれは鋭意貫かんとするものである。

—創始者のことば— 小澤和一

外国人《がいこくじん》がムッとする
ヤバイしぐさ

青春新書 PLAYBOOKS

2016年12月1日　第1刷

著　者　ジャニカ・サウスウィック
晴《はれ》山《やま》　陽《よう》一《いち》

発行者　小澤源太郎

責任編集　株式会社プライム涌光
電話　編集部　03(3203)2850

発行所　東京都新宿区若松町12番1号 〒162-0056　株式会社青春出版社
電話　営業部　03(3207)1916　振替番号　00190-7-98602

印刷・図書印刷　製本・フォーネット社

ISBN978-4-413-21074-4